延年益壽

岡崎 篁

竹の世界

岡﨑　篁

高さ22.5cm

一輪挿し・平成13年 第55回高知県美術展覧会　入選作
高さ22.5cm

高さ21cm

高さ15cm

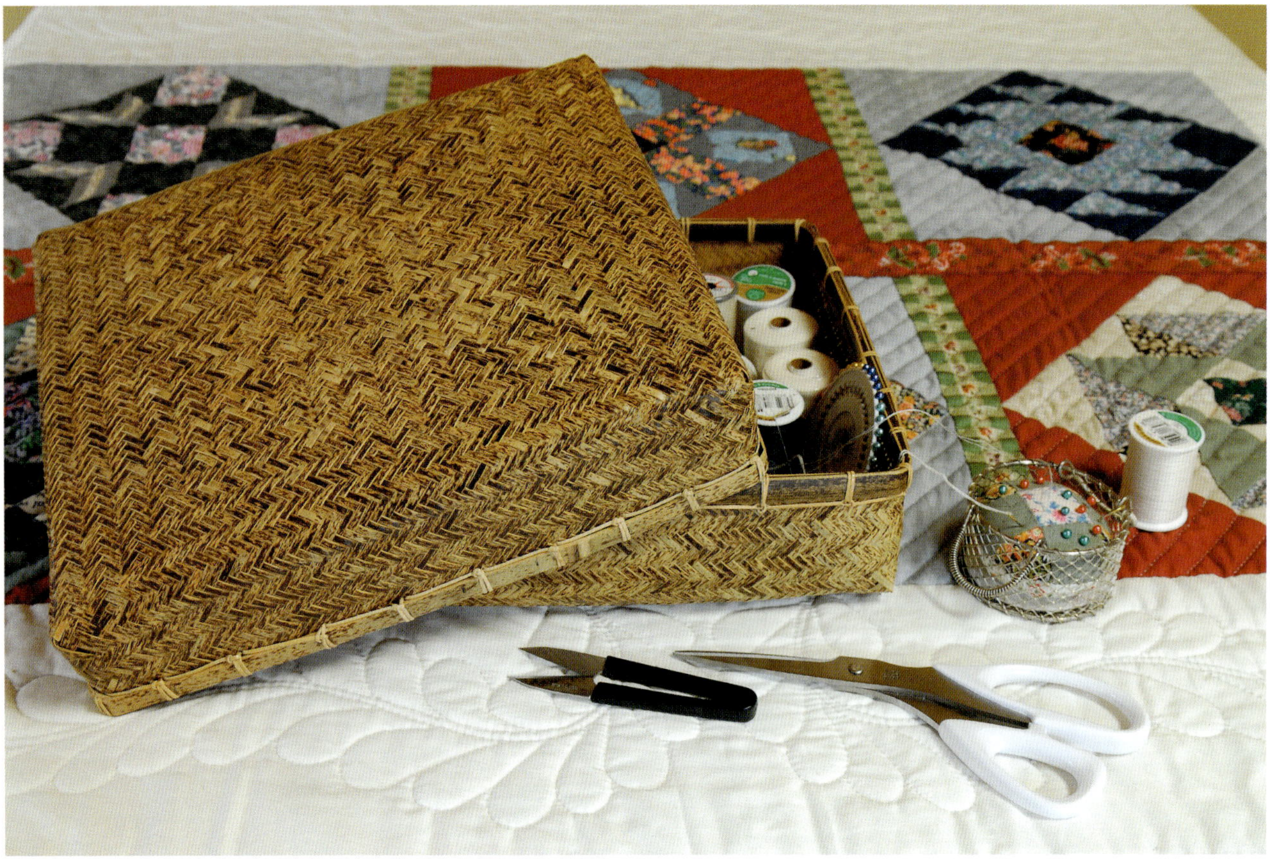

虎竹手文庫二様
縦24cm×横28cm×高さ10cm

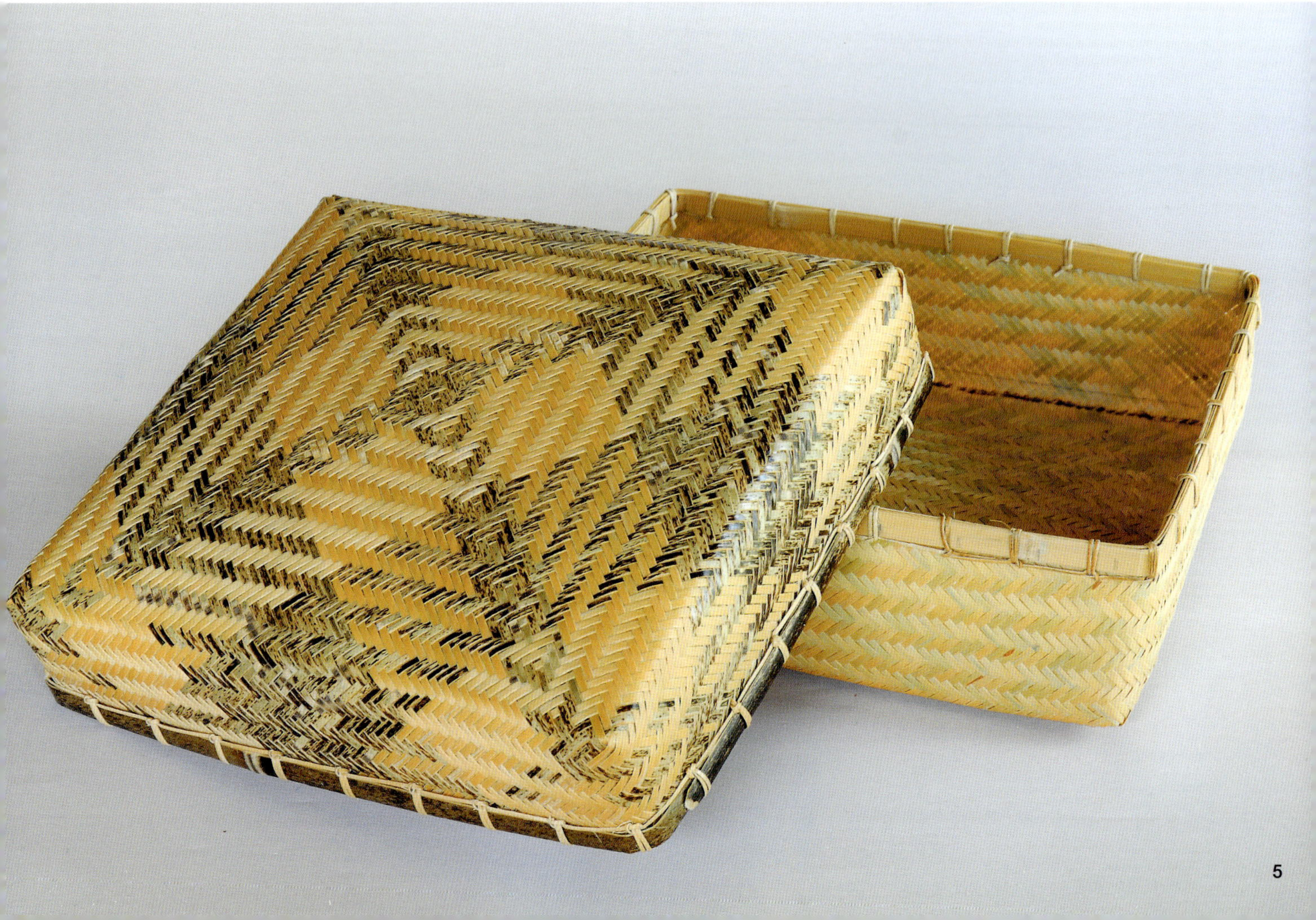

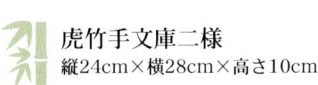

高さ42cm

高さ26cm

高さ26cm

摩《ま》尼《に》・平成6年 第48回高知県美術展覧会　入選作
高さ16cm

高さ26.5cm

花籠「波」・平成5年 第47回高知県美術展覧会　入選作
高さ17cm

高さ17cm

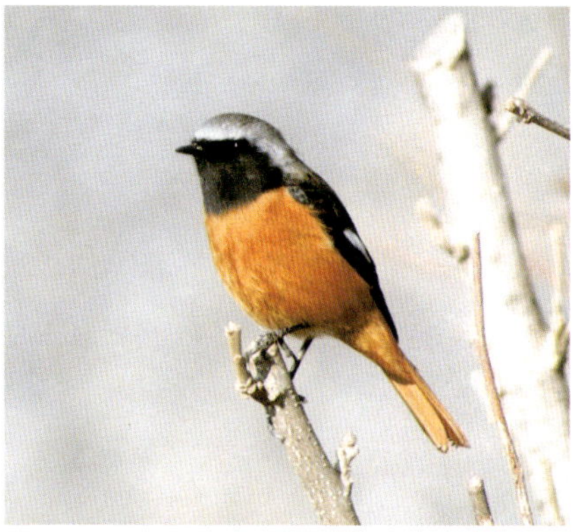

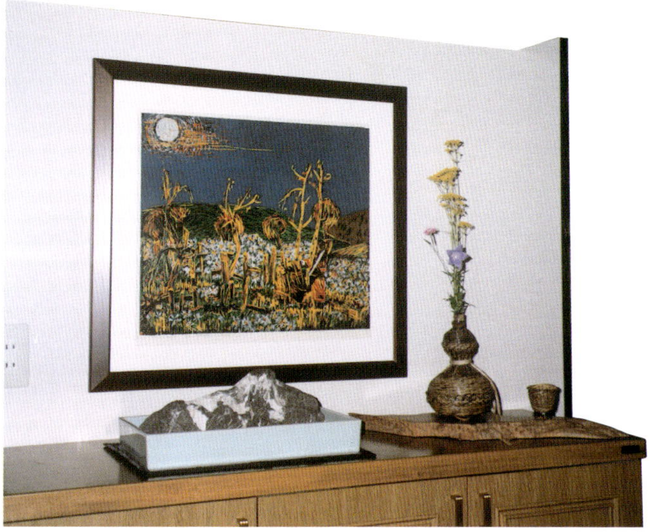

高さ16.5cm

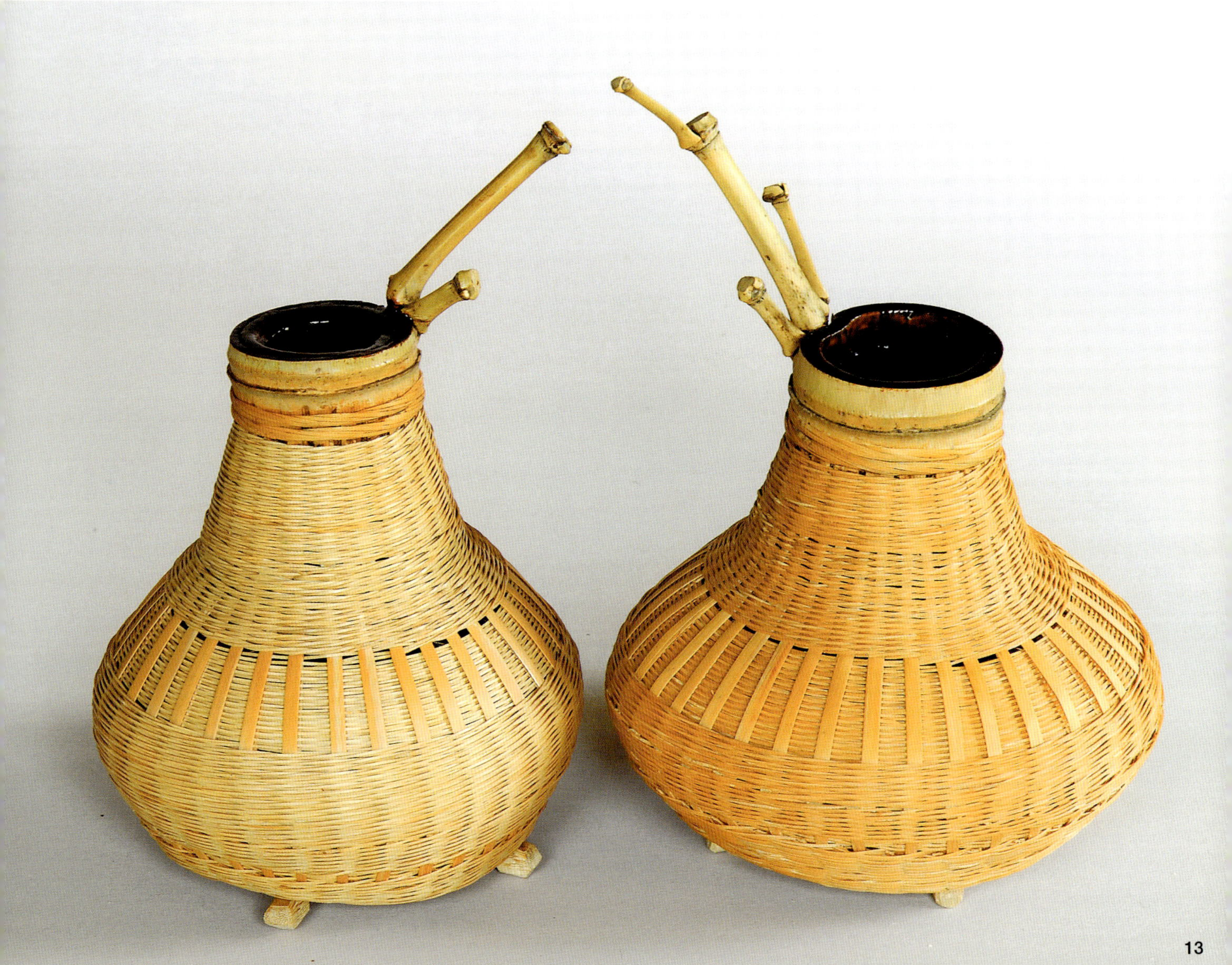

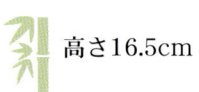

雪《ぼん》洞《ぼり》二様と衣装箱・雪洞高さ14.5cm
三輪博子作雛人形「歓び」

平成元年於高知

高さ27.5cm

櫻さく富士見すごせる空の旅　篁

荒谷雲上篆刻「篁」

一本竹編上げ花籠・平成元年 第43回高知県美術展覧会　初入選作
高さ20.5cm

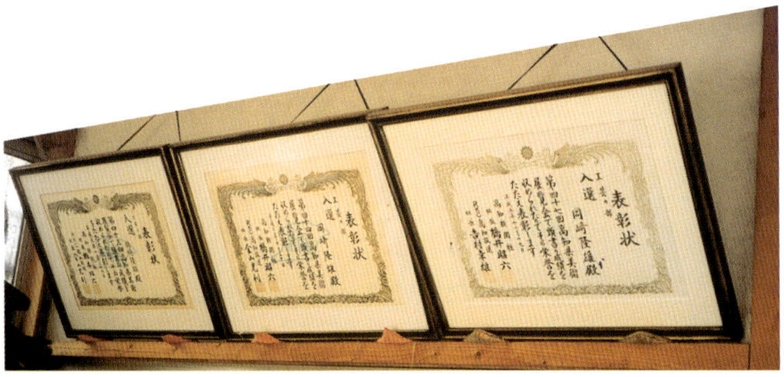

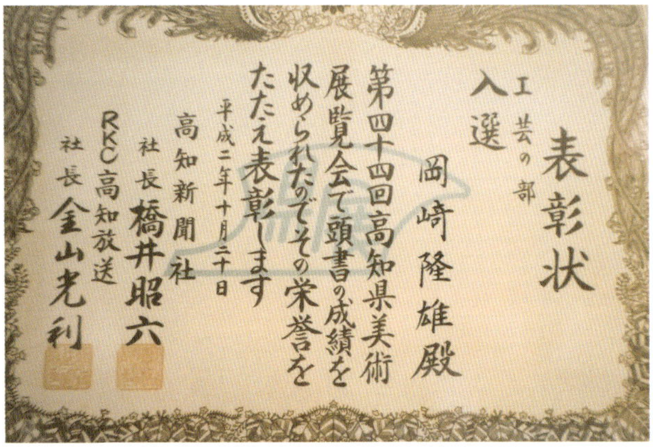

表彰状
工芸の部
入選
岡崎隆雄殿
第四十四回高知県美術
展覧会で頭書の成績を
収められたのでその栄誉を
たたえ表彰します
平成二年十月二十日
高知新聞社
社長 橋井昭六
RKC高知放送
社長 金山光利

高さ19cm

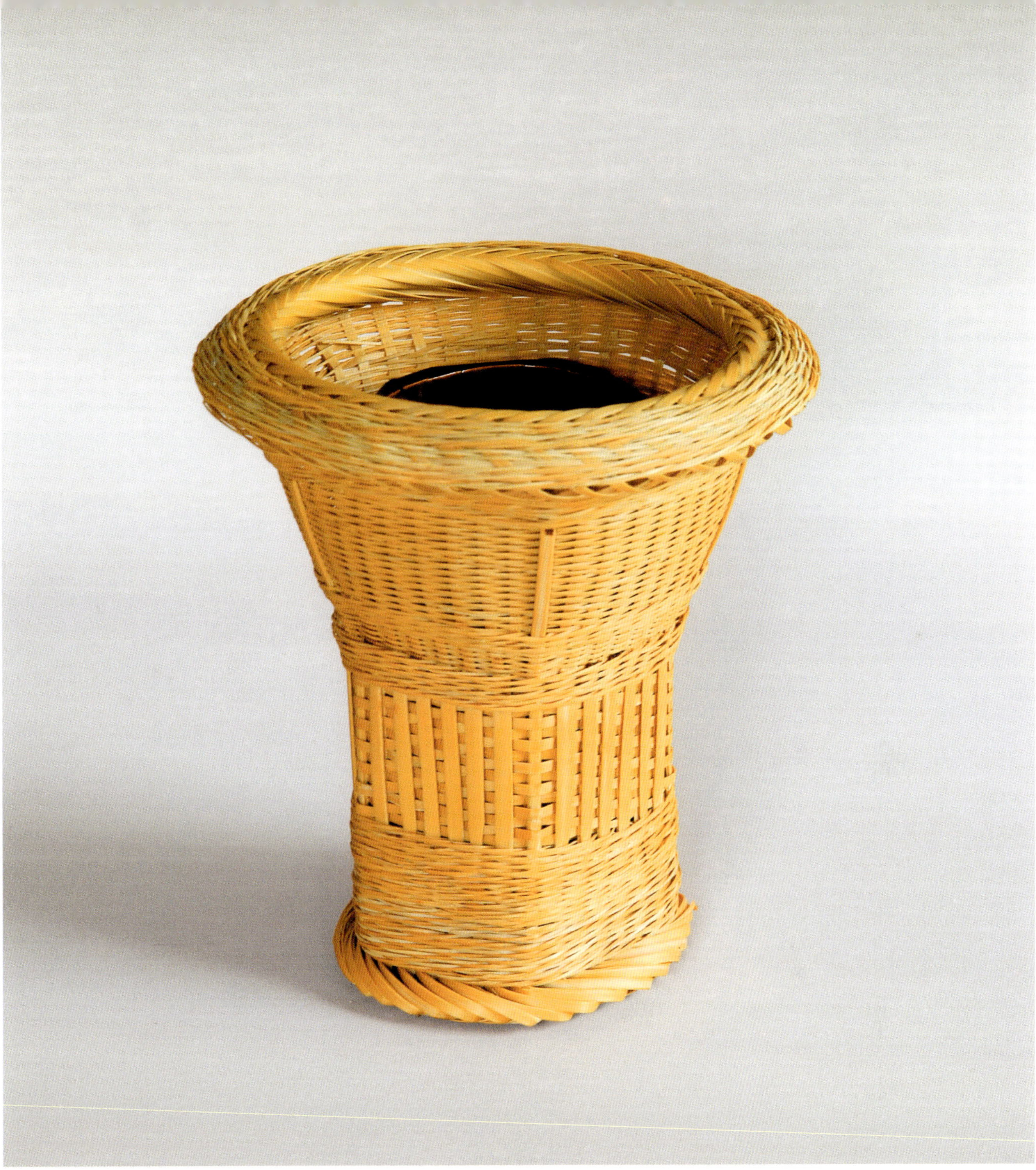

高さ18cm

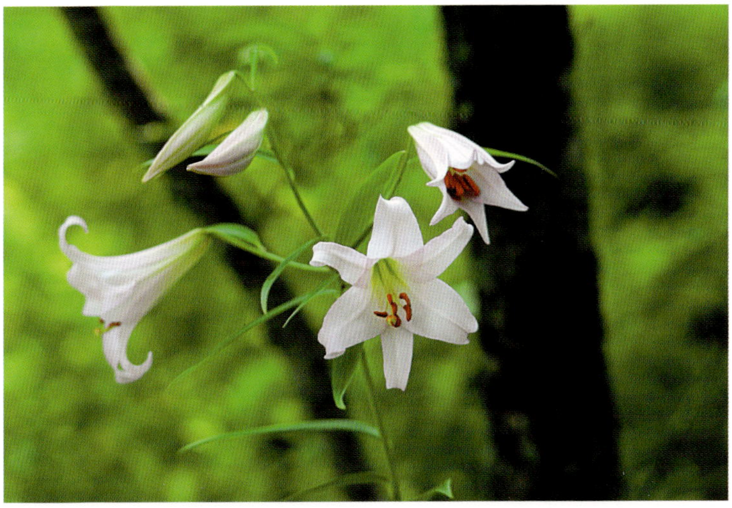

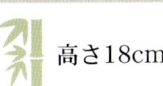

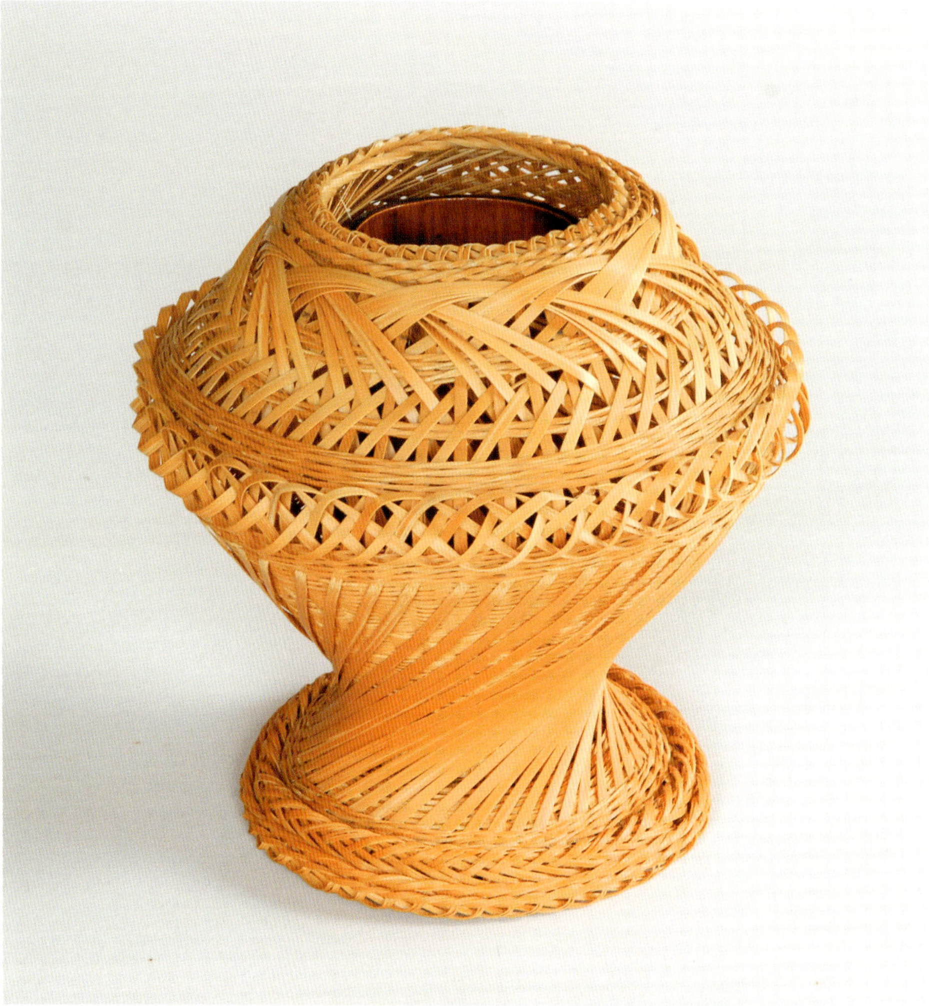

高さ18.5cm

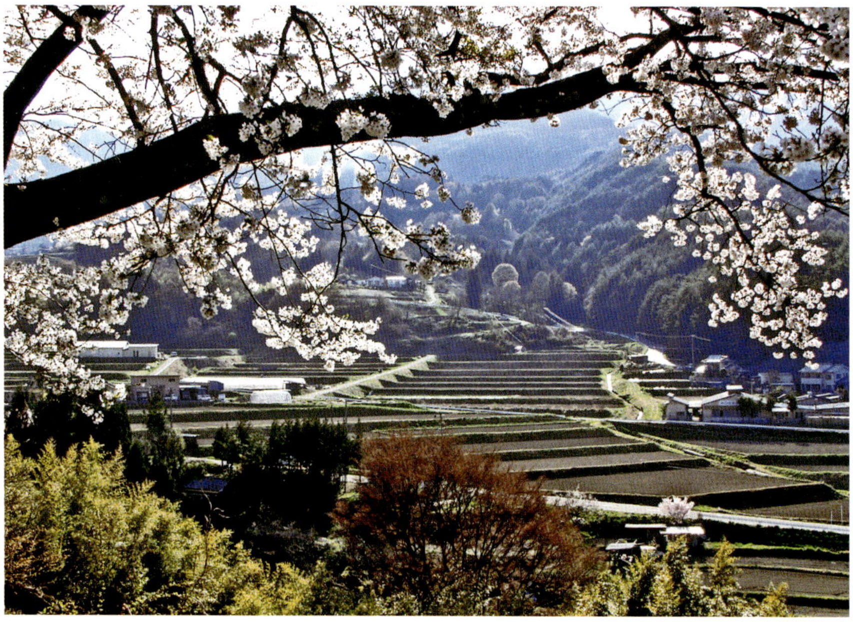

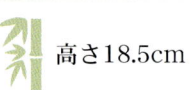

高さ38.5cm

色紙掛け・直径25cm
荒谷雲上篆刻「樂此不疲」

高さ19cm

高さ14cm

高さ14cm

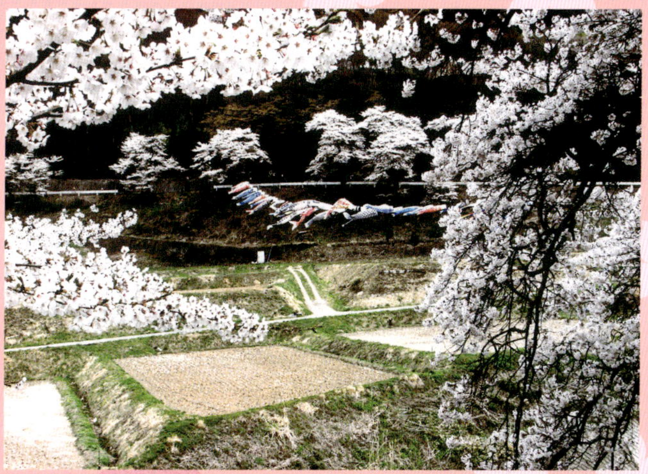

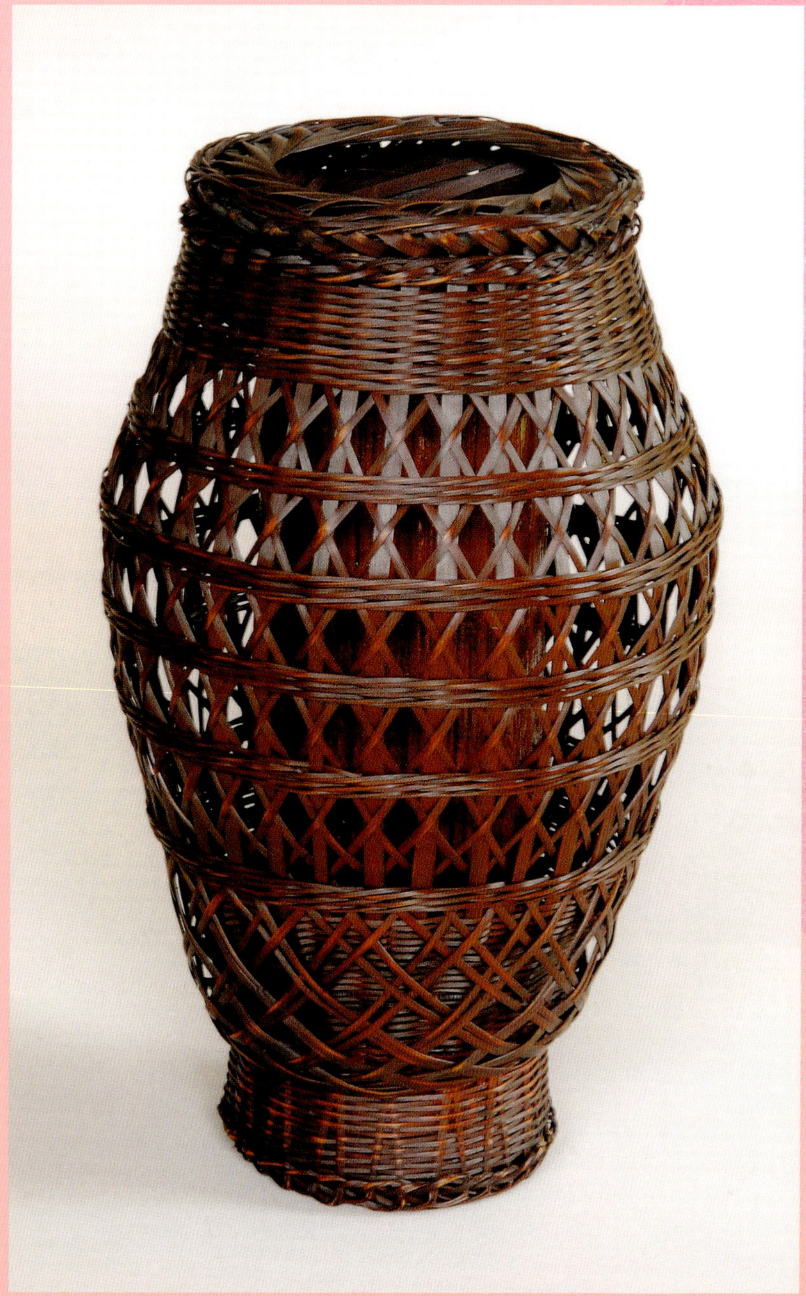

高さ22.5cm

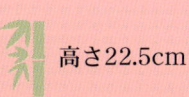

工房
篁
隆

高さ27cm

高さ43cm

高さ25.5cm

高さ17cm

高さ24cm

高さ10.5cm

高さ12.5cm

蝸牛《かたつむり》・平成2年 第44回高知県美術展覧会　入選作
高さ25cm

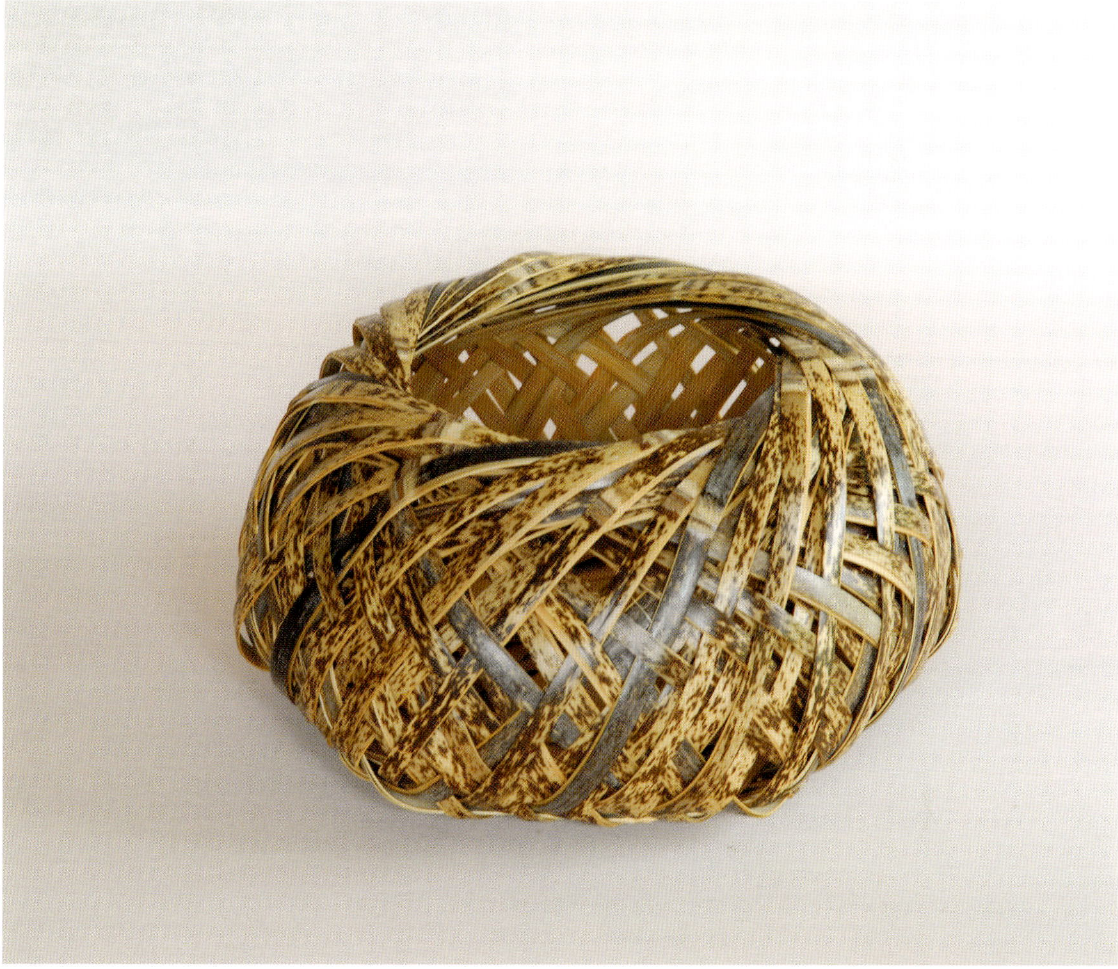

高さ11.5cm

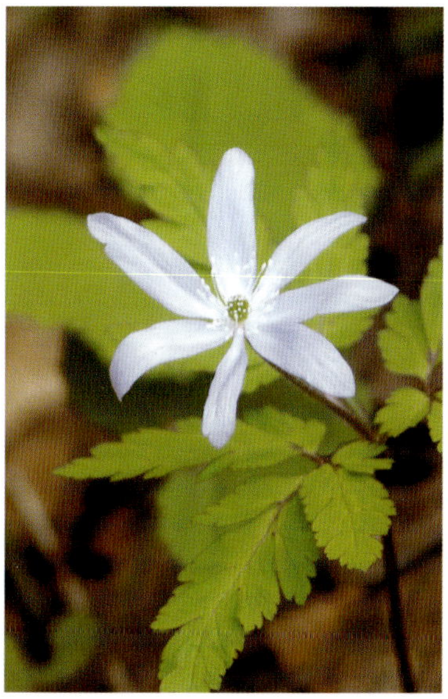

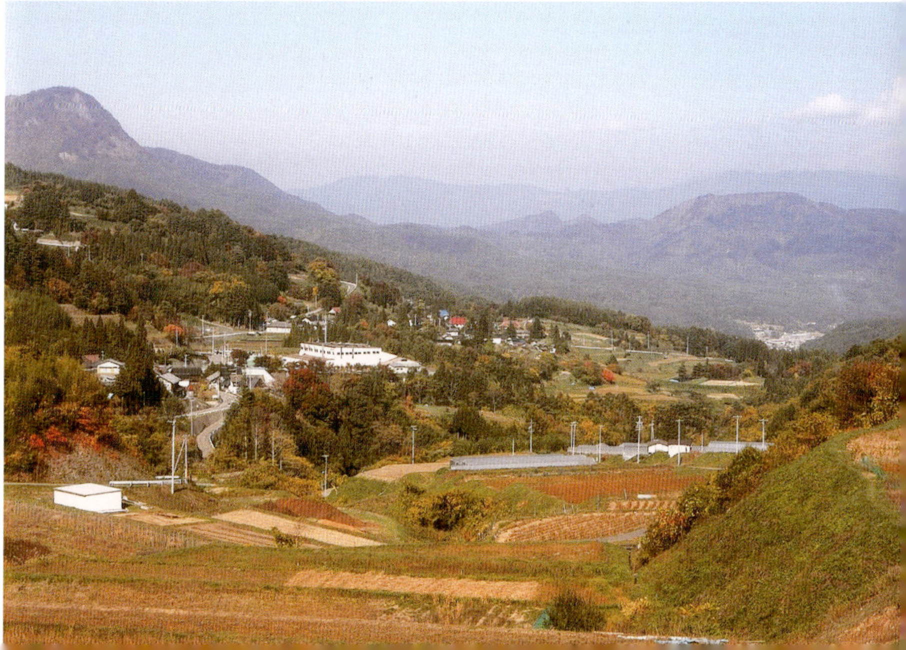

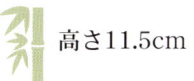

高さ26cm

魚籠《びく》二様
高さ18cm

高さ18cm

高さ29cm

高さ14cm

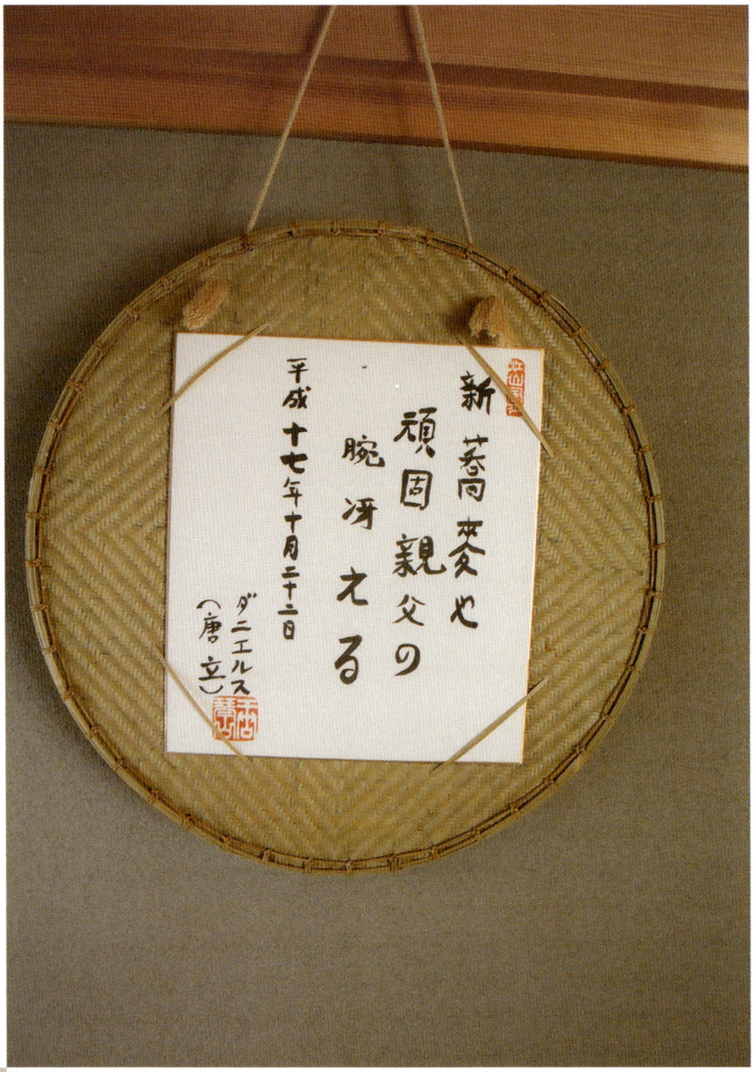

直径32cm

直径42.5cm

口径37cm×高さ9cm

徳利・平成14年 第56回高知県美術展覧会　入選作（猪口を除く）
高さ21.5cm

高さ20cm

高さ24.5cm

高さ16.5cm

高さ15.5cm

高さ18cm

高さ42cm

高さ26cm

高さ19cm

❶ ❷

❸

❶口径24cm×
高さ40cm

❷口径22cm×
高さ25.5cm

❸口径24cm×
高さ13.5cm

❹口径24.5cm×
高さ10.5cm

❹

❺

❻

❼

❽

❺口径26.5cm×
高さ7.5cm

❻口径27.5cm×
高さ12cm

❼高さ37cm

❽高さ40cm

目に雅やか、手にしなやか：岡崎篁の竹細工

誰でも生け花には魅力を感じる。鮮やかさや清楚さなど、その美しさの前に人びとは足をとめる。しかし、花を生けてある竹籠には氣がつかない場合が多い。竹籠はなにげなく、花を引きたてているからである。考えてみると、竹籠は草花が生える野原のようなものであろう。野花は自然の中で咲き誇るからこそ清らかであるが、手折って持ち歸れば、たちまち味氣ないものになってしまう。竹籠は花に對して媚びるでもなく、花がひとりでにのびのびできる環境を作り出している。実は竹細工は、花を添えなくとも、そのさりげない美しさはながめる者の氣持ちを落ち着かせ、また竹自體をもいかす不思議なはたらきをする。少なくとも、これは小生がこの二十年來、岳父岡崎篁《たかむら》の作品と暮らして會得したことである。

今年、八十翁《おう》になられた篁は、經營していた松里園《しょうりえん》造園業から引退したのち、長年の願望であった竹細工に専念するようになり、すでに二十數年が經った。最初は、くだもの入れ、くず入れ、買い物籠や手文庫など実用品が多かった。くだもの入れは、シドニーにある小生の實家をはじめオーストラリアの親戚にも配布され、たちまち評判となった。國が變われば用途が異なる。母はくだもの入れではなく、パン入れとして使用することにした。毎日手で觸れるため手澤《しゅたく》がつき、パン入れはいつの間にか使いこまれた飴《あめ》色と化して、何ともいえぬ温かみが出てきた。これを傳え聞いた篁翁はことのほか喜んだ。

しばらくすると、篁翁は實用品の制作に物足りなさを感じるようになった。翁はそもそも日本庭園の設計や松の木の造形に天賦の才をさずかり、創造性を活かした營みに無限の楽しみを覚えていた。そのような氣質からして、素材が生きている樹木から竹に變化したといっても、造形美の探求心がやむことはなかった。藝術品を創りたいという氣持ちをあらわにしてから、まず、花入れの周りに太平洋の怒濤を思わせる模様を施した、一連の「波」と題する作品を創り上げた。また、ひょうたんや陶器の壺を髣髴《ほうふつ》とさせる丸みをおびた花入れの創作を手がけ、本寫眞集にも収録されている。

それからというもの、翁の造形への情熱はさらに強まっていくことになる。素材の用意には、もとよりそうとう凝っていた。當初から、竹に虫の入らない九月の適時に屋敷内の藪から竹を伐り出して、ナタでひごをへいでおくことによって、好みに應じた幅のひごを用意することができた。これは造形に欠かせない作業ではあるが、誰にでも實行しうるものではないようである。げんに、挑戦しようと竹の皮をへごうとした何人かの弟子入りを希望した人は、ナタの刃で自分の手を切って竹細工を斷念したぐらいである。

しかし、編むのに適している竹が藪だけにあるとは限らない。翁は「リサイクル」という外來語が渡來するはるか以前から古材を集めて再利用していたが、今度は、どこぞで古民家を取り壊すとの情報がはいれば、出かけては屋根裏のカヤやワラをとめていた竹をもらってくる。いろりの火が長い年月くすぶって、竹は獨特の色へと變化する。このような素材で編んだ作品は色紙掛け（二一頁と四一頁下）として生まれ變わり、鑑賞する者に古めいた重厚感を与えて、とても味わい深い。

小生はかつて翁の竹細工に關して、氣に病んだことがあった。黏土やカオリンのほうが素材として竹より優れているのではないかということである。花瓶は陶器や磁器が一般的で、鑑賞用としても高い評価を得ているが、竹籠は終始低くみられる傾向がある。竹籠は雅《みやび》やかではあるが、あまりにも身近で、人びとはそれを花瓶のように珍重する心情にはならないようだ。陶器は藝術品で、竹細工は日用品だとさげすむ言葉を耳にしたこともある。竹細工を試みる作家は、出發からして憐れであると思った時期さえある。だが、改めて高知縣美術展覽會工藝の部に入選六回を果たした翁の作品をながめると、それは杞憂であったことが分かり、心が晴れた思いがする。

竹細工の良さは、その素材にも起因すると悟った時でもあった。竹はたおやかであると同時に、強靭性にも富んでいる。この二つの特徴をいかして、達人はさまざまな形状の作品を創り出し、さらにそれらは落としても陶器や磁器のように粉砕しないという利点を有している。小生は毎日、篁翁の作品をなにげなくながめているうちに、いずれもが目に雅やかで、なお且つ觸れても手にしなやかであることに氣づいた。換言すれば、これらの作品は、視覺と觸覺の双方から人びとに逼ってくるのである。

この二十數年の間に、篁翁は數多くの作品を創作したが、どういうわけかそれらの多くは消失してしまっている。訪ねてくる親戚や友人に贈呈したりすることも少なくなかった。また、妻の郁子が早いうちからねだっていたこともある。一人娘は目に入れても痛くないとはよくいったもので、彼女がどの作品を持ち歸っても、翁は終始微笑むのみである。郁子はやがて積極的に作品を注文するようになる。本寫眞集にも掲載されている雛人形に添える竹の雪洞《ぼんぼり》と衣裳箱はまさにそれである。衣裳箱の中には電池が入っており、雪洞に明かりがともる仕組みだ。

一昨年あたりから、郁子は篁翁の作品を撮影して記録する企劃を立てた。翁、齡八十の記念にと考えたのである。同じ琴山に庵を結ぶ友人、酒見隆・愛子夫妻、柴田健・紀子夫妻及び小野田喜久雄・美喜枝夫妻の御三家は、親身になって季節折々、青木村の大自然の中で翁の作品を撮影する労を引き受けて下さった。ここに深謝の意を表する。

本寫眞集は翁の傘壽を祝うための刊行である。篁翁のこれまでの営みの一里塚であると同時に、今後の制作への道標ともなることを切に願ってやまない次第である。

丁亥　立秋

甘窮庵にて

愚子婿　唐立　八旬の壽榮を敬祝

岡崎　篁《たかむら》

本名／岡崎隆雄

昭和2年（1927）高知県土佐郡（現高知市）生

平成元年より高知県美術展覧会工芸の部入選6回

〒780-0963 高知市口細山197番地

岡崎篁　竹の世界

平成19年（2007）年11月27日　初版発行

撮影者　柴田　健・小野田喜久雄・唐　立

発　行　岡崎郁子
〒202-0013　西東京市中町3丁目5-21RA33
電話 042-421-7415

発　売　吉備人出版
〒700-0823　岡山市丸の内2丁目11-22
電話 086-235-3456　ファックス 086-234-3210
ホームページ　http://www.kibito.co.jp
Eメール　book@kibito.co.jp

印　刷　株式会社 三門印刷所
岡山市高屋116-7

製　本　日宝綜合製本株式会社

ISBN978-4-86069-183-7　C0072　¥1800E